W0077661

PATCHWORK
Von der Idee zum fertigen Quilt

Friederike Kohlhaußen

PATCHWORK

Von der Idee zum fertigen Quilt

Die Deutsche Bibliothek - CIP-Einheitsaufnahme
Patchwork: von der Idee zum fertigen Quilt / Friederike Kohlhaussen.
Wiesbaden: Englisch, 1996
ISBN 3-8241-0671-X

© by F. Englisch GmbH & Co Verlags-KG, Wiesbaden 1996
ISBN 3-8241-0671-X
Fotos Axel Weber
Printed in Spain

Inhaltsverzeichnis

Folded I

Vorwort

Darf ich Sie zum Besuch in meine Patchworkwerkstatt einladen? Sicher kennen Sie verschiedene Werkstätten, wie die eines Goldschmiedes oder einer Keramikerin. Aber haben Sie eine Vorstellung, wie es bei einer Quilterin aussieht?

Ich möchte Ihnen nicht nur das räumliche Umfeld beschreiben, sondern auch den Weg von der Idee zum fertigen Quilt aufzeigen.

Ein Quilt besteht, wie bekannt, aus drei Lagen: Oberseite, Füllung und Rückseite. In diesem Buch geht es im Besonderen um die Gestaltung der aus vielen Stoffstücken zusammengesetzten Patchwork-Oberseite. Die traditionellen Patchworkmuster, über die ich im „Handbuch Patchwork" (ebenfalls im Englisch Verlag erschienen) ausführlich gesprochen habe, spielen hier kaum eine Rolle.

Es wird oft gefragt, woher man Ideen bekommt, und wie man sie im Quilt umsetzen kann. Selbstverständlich gibt es viele Wege, die zum Ziel führen. Ich beschreibe Ihnen hier meinen Weg, der jedoch nicht für jede Quilterin Gültigkeit haben muß.

Ideen können Sie überall finden, auf Reisen, in Büchern, in Museen, Sie müssen nur die Augen offenhalten. Verschiedene Anregungen, wo und wie Sie suchen können, finden Sie in diesem Buch.

Und nun wünsche ich Ihnen viel Freude beim Lesen und Anschauen des Buches und natürlich beim Entwerfen und Nähen Ihrer eigenen Quilts.

Friederike Kohlhaußen

Einleitung

Arbeitsplatz und Werkzeug

Die Werkstatt einer Quilterin sollte ein großer, heller Raum sein. Zwei Arbeitstische sind nötig. Der für den Zuschnitt muß so hoch sein, daß die Stoffe bequem im Stehen gehandhabt werden können. Der andere ist für die Nähmaschine vorgesehen und sollte daher entsprechend tiefer sein.

An einer Wand des Raumes, möglichst mit gutem Lichteinfall, sollte sich eine große Pinnwand befinden (möglichst vom Boden bis zur Decke). Hier werden – dem Entwurf entsprechend – die zugeschnittenen Stoffstücke aufgesteckt. Ein Quilt in Arbeit kann in der Vertikalen besser als in der Horizontalen beurteilt werden. Nur in diesem Stadium der losen Stoffstücke lassen sich Veränderungen relativ mühelos vornehmen. Ein Entwurf zeigt zwar das Gestaltungsprinzip, die Anordnung der Blocks und ein Farbkonzept, ob jedoch die richtige Stoffwahl getroffen wurde, erkennen Sie meist erst beim Aufstecken der Teile. Ist der Quilt genäht, sind Änderungen schwierig, zumindest aber äußerst lästig.

Der Farbpalette eines Malers entsprechen bei Quiltern viele verschiedene Stoffe, die nach Farben übersichtlich und wohlgeordnet in einem großen Regal Platz finden.

Ich habe Ihnen hier die ideale Patchworkwerkstatt beschrieben. Nun müssen Sie selbst entscheiden, was Sie davon umsetzen möchten und können.

Zum Zuschneiden benötigen Sie eine große (45 x 60 cm) Schneidmatte (ich benutze eine ohne Einteilungen), diverse Plastiklineale und einen großen Rollschneider. Ich verwende ein durchsichtiges Lineal aus Plexiglas mit den Maßen 60 x 15 cm und vielen nützlichen Unterteilungen, die auch ein Schneiden in den Winkeln 30°, 45° und 60° zulassen. Darüber hinaus ist ein Quadrat (etwa 15 x 15 cm) und ein großes Dreieckslineal im 60°-Winkel hilfreich.

Statt mit der Schere jedes Stoffstück einzeln zuzuschneiden, durchtrennt der Rollschneider gleich mehrere Lagen auf einmal. Die sauber geschnittenen Kanten machen ein präzises Nähen möglich.

Eine gute, zuverlässige Nähmaschine ist ganz wichtig für das Gelingen Ihrer Arbeiten. Es muß keine computergesteuerte Maschine mit vielen Zierstichen sein, allerdings ist ein doppelter Stofftransport nützlich, wenn Sie mit der Maschine quilten möchten.

Die Breite der Nahtzugabe richtet sich nach dem Füßchen der jeweiligen Nähmaschine. Sie sollte aber auch mit der Maßeinheit auf dem Lineal übereinstimmen. Ich erwähne dies deshalb, weil in den Fachgeschäften Werkzeuge in Zentimeter- und Incheinheiten erhältlich sind. Es spielt keine Rolle, in welcher Maßeinheit sie arbeiten, wenn Sie sich nur immer an die gleiche halten.

Außerdem benötigen Sie noch Garne, Scheren, Stecknadeln, ein Bügelbrett und ein Bügeleisen.

Traumzeichen

Stoffe

„Jeder Stoff ist nur das wert, was wir aus ihm machen", hat L. Mies van der Rohe gesagt. Ein schöner Leitspruch für Quilter, auch wenn er in einem anderen Zusammenhang gesagt wurde.

Leichte Baumwollstoffe (Hemdenqualität), Leinen, Mischgewebe und Seide sind wegen des Quiltstiches und aufgrund ihres geringen Gewichtes am besten geeignet.

Auch kommt es darauf an, welchem Zweck der Quilt dienen soll. Für einen Gebrauchsquilt, von Hand gequiltet, empfehle ich Baumwolle. Die Stoffqualitäten sollten gleichmäßig gut sein. Denn ein Quilt ist nur so haltbar, wie sein schwächster Stoff. Um unangenehme Überraschungen zu vermeiden, sollten Sie alle Stoffe vor Gebrauch waschen. Ein Stoff, der nach der Verarbeitung ausfärbt oder stark einläuft, führt zu Ärger und Verdruß. Die mühsame Vorarbeit lohnt sich also. Der so behandelte Gebrauchsquilt kann dann bedenkenlos in der Waschmaschine gewaschen werden.

Für einen Wandbehang verwende ich gerne Seide, die ich nicht vorwasche. Der Quilt kann, wenn nötig, gereinigt werden. Die Seide sollte nicht zu locker gewebt sein. Vorsichtshalber nehme ich eine breitere Nahtzugabe. Seide ist sehr lichtempfindlich und wird dadurch leicht brüchig. Dies gilt es beim Aufhängen eines Wandbehanges zu bedenken.

Sicher lassen sich auch festere Stoffe wie Jeans, Cord und Gabardine zu Quilts verarbeiten. Das Quilten ist dann allerdings mühsame Schwerarbeit, und die Stiche fallen mit Sicherheit nicht zierlich aus. Ein solcher Quilt könnte auch mit der Maschine gesteppt oder nur abgebunden werden.

Beim Zuschnitt von Stoffen ist der Fadenlauf zu beachten. Bekanntlich ist ein Stoff in Richtung Kette nicht, in Richtung Schuß wenig, aber in Diagonalrichtung sehr dehnbar.

Für Quilter gilt: Der Fadenlauf der Einzelteile innerhalb eines Blocks verläuft parallel zu dessen Außenkante, bzw. zu der des Quilts.

Grundsätzliches

Ein Quilt ist ein „Stoffsandwich" aus drei Lagen. Die Oberseite kann a) aus einem Stoff, b) aus einem Stoff mit applizierten Motiven aller Art oder c) aus vielen einzelnen Stoffstücken, die zum Patchwork zusammengefügt wurden, bestehen.

Das Patchwork kann viele Gesichter haben. Es können 1. einzelne geometrische Formen, z.B. Sechsecke, oder 2. verschiedene Formen in einem Formenverbund (Block genannt) zusammengenäht werden. Daneben gibt es 3. ein großes Feld von freien Verschnittmöglichkeiten für die Gestaltung der Oberfläche.

Zusätzlich zu diesen drei Gestaltungsarten sind viele Variationen möglich, die Sie im Entwurf ausprobieren können.

Eine Oberflächengestaltung mit Blocks ist typisch für Quilts. Als einen Block bezeichnet man ein Quadrat, das in beliebig viele, geometrische Formen unterteilt sein kann. Es werden so viele Blocks hergestellt, wie Entwurf und Größe des Quilts es verlangen. Aneinanderstoßende Blocks sind als solche in dem neu gebildeten Muster oft nicht mehr zu erkennen, was einen besonderen Reiz ausmacht. In kleinen Einheiten zu arbeiten hat viele Vorteile. Es erlaubt ein Zuschneiden nach Plan und eine stückweise Fertigstellung. Zudem können die wenigen Teile einer Einheit gut transportiert und somit überall bearbeitet werden. Nicht zu vergessen sind die kleinen Erfolgserlebnisse nach jedem fertiggestellten Block.

Die reihenweise aneinandergenähten Einheiten können mit einem Rand eingefaßt werden.

Danach wird die Rückseite hergestellt, einfarbig oder mit effektvoll eingesetzten Resten der Vorderseite.

Gebügelt und ausgebreitet wird sie mit Tesakrepp auf den Boden gespannt. Über die Steppwatte legen Sie zuletzt die Oberseite deckungsgleich darauf. Wenn die Rückseite etwas größer bemessen ist, geht es leichter. Alle drei Lagen werden mit Reihfäden, netzartig über den Quilt verteilt, verbunden.

Danach ist die Patchworkfläche zum Quilten bereit. Die Mitte des Quilts wird in einen großen Quiltrahmen gespannt. Den Durchmesser von 35 cm empfinde ich als handlich, nur selten verwende ich des Musters wegen einen größeren Rahmen. Wenn Sie sich beim Quilten von der Mitte nach außen vorarbeiten, können Sie Stoffverschiebungen ausgleichen. Beim Steppen mit Rahmen werden die Stiche gleichmäßiger, weil alle drei Stofflagen die gleiche Spannung haben und sich der Faden anpaßt.

Die *Quiltnadel*, erstaunlich kurz, wird von der Quilterin mit dem Mittelfinger der rechten Hand durch kleine Auf- und Abbewegungen für die Länge von drei bis vier Stichen durch den Stoff geschoben. Je feiner der Stich, um so besser.

Der *Quiltstich* ist ein kleiner Vorstich, der dicht hintereinander wiederholt wird. Stechen Sie mit der Quiltnadel senkrecht von oben nach unten durch die drei Lagen, die zweite Hand übernimmt die Nadel und führt sie senkrecht zurück, so daß auf beiden Seiten ein kleiner Stich sichtbar wird.

Quiltgarn ist ein reiner Baumwollfaden mit einer ebenen Oberfläche, meist beschichtet. Er läßt sich gleichmäßig durch den Stoff ziehen, ohne Kringel zu bilden. Er hat eine geringe Dehnung und eine gute Reißfestigkeit.

Den Knoten am Ende des Fadens ziehen Sie behutsam von der Vorderseite in das Innere des Quilts. Die fortlaufenden, kleinen und gleichmäßigen Stiche halten nicht nur die drei Lagen zusammen, sie geben der Oberfläche auch eine Struktur, sind Gestaltungselement. Flächen werden besonders betont oder treten in den Hintergrund. Viele Quilterinnen schenken diesem Gesichtspunkt zu wenig Aufmerksamkeit. Sie begnügen sich mit dem Patchwork, dabei wird die Arbeit erst durch die Quiltlinien, die sie durchziehen, zu einer Einheit.

Die Quiltlinie von Hand ist eine unterbrochene und weichere Linie, als die mit der Maschine genähte. Von Fall zu Fall muß entschieden werden, welche Technik angewendet werden soll.

Das Ende des Quiltfadens wird von der Rückseite her zwei Nadellängen lang zwischen die Stofflagen gezogen.
Ist das Quilten beendet, werden die Kanten geradegeschnitten und mit einem Stoffband eingefaßt. Stabiler und anschmiegsamer ist ein Schrägstreifen.

Schrägstreifen

Wenn Sie eine besonders haltbare Kante für einen Gebrauchsquilt haben möchten, fassen Sie diese mit einem doppelten Schrägstreifen ein.
Die Länge aller vier Kanten des Quilts wird mit der gewünschten Breite des Streifens multipliziert. Mit Hilfe des Taschenrechners läßt sich die Wurzel aus dieser Zahl ziehen. Das Ergebnis gibt die Breite eines Stoffquadrates an, aus dem nun die Streifen auf folgende Weise hergestellt werden:

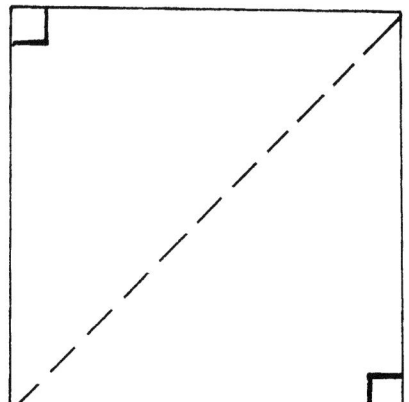
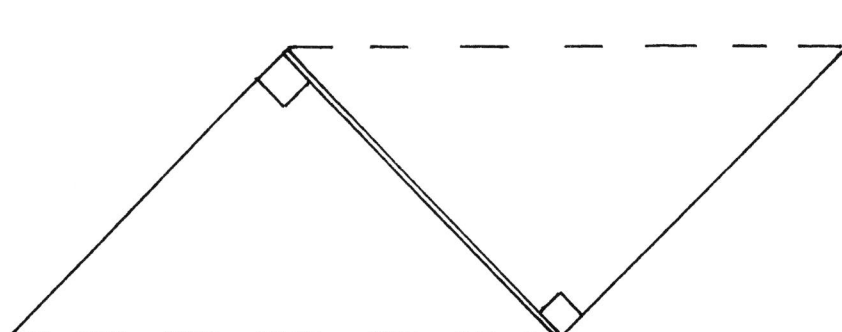

Das Quadrat wird diagonal durchtrennt und so zusammengenäht, daß ein Parallelogramm entsteht. Von der unteren Kante, im schrägen Fadenlauf beginnend, zeichnen Sie mit Hilfe eines Lineals Linien in der gewünschten Breite des Schrägstreifens auf den Stoff. Diese Linien schneiden Sie mit dem Rollschneider bis jeweils fünf Zentimeter vor Kantenende auf. Legen Sie um je eine Streifenbreite versetzt die linke Seite auf die rechte Seite. Die kurzen Kanten werden dann zusammengenäht. Mit der Schere wird der Schrägstreifen entlang der Linien ganz auseinandergeschnitten. Wenn Sie Ihren Stoff jetzt auseinanderfalten, haben Sie einen langen Schrägstreifen vor sich.

Von der Idee zum fertigen Quilt

Allgemeines

Die Amerikaner haben das Patchwork nicht erfunden, aber sie haben es kultiviert und zu großer Blüte entwickelt. Ihnen haben wir die unzähligen verschiedenen Blockmuster zu verdanken. Die traditionellen Patchworkmuster sind wunderschön und haben durchaus ihre Berechtigung. Gleichwohl ist es ein legitimer Wunsch, besonders hier in unserem Land, in dem es keine Patchworktradition gibt, eigene Ideen in einen Quilt mit einfließen zu lassen.

Anregungen finden sich mehr als genug, sei es in Museen, auf Reisen, beim Blättern in Büchern oder Zeitungen. Alle frühen Hochkulturen benutzten geometrische Ornamente, die wir auf ihren Gefäßen, an Schmuckstücken, an Waffen und Geräten noch heute bewundern können. In Kirchen, Palästen und Burgen springen Quiltern z.B. gleich die schönen Fußböden ins Auge. Die Intarsien antiker Möbel sehen wir mit anderen Augen. In Museen ist das Studium alter Meister aufschlußreich. Die Gliederung einer Fläche, die Ordnung eines Bildes, die Farbverteilung, all das gilt auch für Quilter. Auf Reisen sind es nicht nur die subjektiven Eindrücke, sondern auch das wachgewordene Interesse für Land und Leute, deren Sitten und Gebräuche, die uns beeinflussen. Kurzum – wer mit offenen Augen durchs Leben geht, bekommt überall Anregungen für sein eigenes kreatives Schaffen.

Hat sich eine Idee im Kopf festgesetzt und drängt auf Umsetzung, sollten zunächst verschiedene Versionen zu Papier gebracht werden. Danach wird der endgültige Entwurf gezeichnet. Die Voraussetzung hierzu ist, daß Sie festlegen, wie groß der Quilt werden soll. Daraus wiederum resultiert die Anzahl und Größe der Blocks. Ein Block muß dann in Originalgröße gezeichnet werden. Die unterschiedlichen Formen innerhalb des Blocks werden numeriert und mit Pfeilen versehen, die den Fadenlauf angeben. Schneiden Sie die einzelnen Teile aus, kleben Sie sie auf Karton, zeichnen Sie die Nahtzugabe auf, und schneiden Sie die Teile aus. Schon haben Sie sich die Schablonen angefertigt. Die Nahtzugabe richtet sich, wie schon erwähnt, nach der Breite des Nähmaschinenfüßchens. Diese sind je nach Fabrikat unterschiedlich.

Ein erster Blick auf einen Quilt erfaßt die gelungene Auswahl der Stoffe und deren Vielfalt an Mustern und Farben. Diese machen den Charme eines Quilts aus. Der zweite Blick gilt der Verarbeitung, die akkurat und sorgfältig sein sollte.

Die eigentlich kreative Phase beim Entstehen eines Quilts ist das Auswählen, Zuschneiden und Anordnen der Stoffe. Während der fortschreitenden Arbeitsetappen werden immer wieder Entscheidungen verlangt, z.B. wie sollten die Stoffteile angeordnet werden? Ich lege mir oft verschiedene Möglichkeiten hin und fotografiere sie mit einer Sofortbildkamera. Dann kann ich die Bilder vergleichen und die beste Anordnung auswählen. Die übrigen Fotos verschwin-

den mit dem Entwurf zusammen in einem Ideenordner, um zu gegebener Zeit wieder hervorgeholt zu werden.

Da die Herstellung eines Quilts sehr zeitaufwendig ist, sollten Sie versuchen, wo immer möglich, rationell zu arbeiten. Der Rollschneider und die sinnvoll unterteilten Lineale, die oft die Schablone ersetzen, sind eine große Hilfe. Die Schablonen dienen dann nur noch der Kontrolle. Auf dem Lineal bringe ich mir – wenn nötig – mit Tesakrepp Markierungen an, um ein Verwechseln der Linien zu verhindern. Der zugeschnittene und für gut befundene Quilt wird nun blockweise zusammengenäht.

Traditionelle Elemente

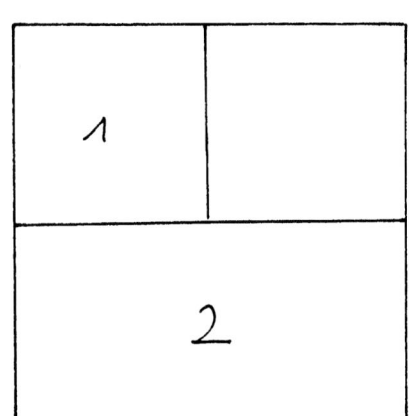

Unter traditionellen Elementen verstehe ich die geometrischen Formen, die uns von den traditionellen Patchworkmustern her vertraut sind. Ein spielerischer Umgang damit führt nicht nur zu persönlichen Quilts, er erleichtert auch den Weg zu eigener künstlerischer Tätigkeit. Mit spielerischem Umgang meine ich z.B., einen Block mehrmals aufzeichnen, das Blatt zu fotokopieren, die Blocks auszuschneiden und neue Kombinationen zu legen. Ein einzelner Block kann gedreht werden, er kann geklappt und verschoben werden. Sie können ihn auf die Spitze stellen oder in zwei Größen verwenden. All diese Möglichkeiten wollen ausprobiert werden. Wer nur traditionelle Quilts kopiert, nimmt sich jede Erfahrung eigener Kreativität.

Grauer Seidenquilt

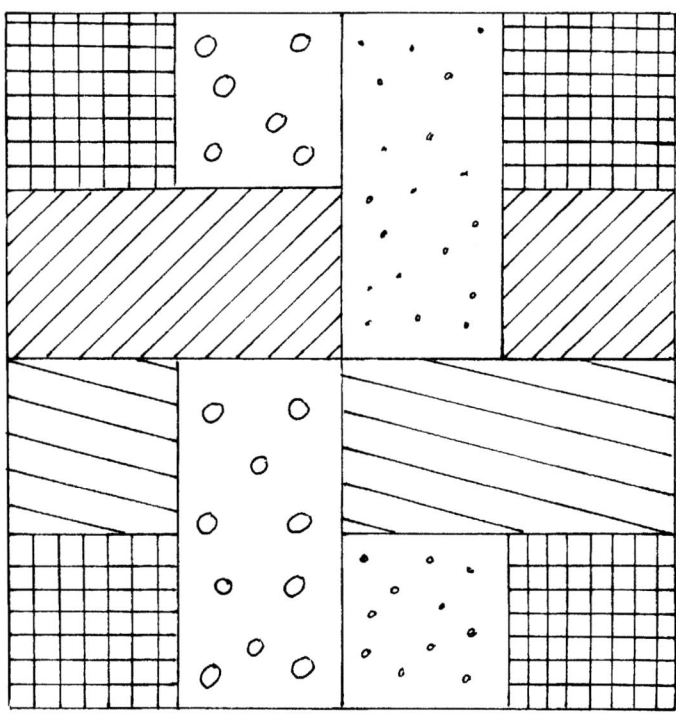

Dieser Quilt sieht sehr traditionell aus. Ist er es auch?

Der Blockaufbau ist sehr einfach. Er besteht nur aus zwei Formen, dem Quadrat und dessen Verdoppelung, dem Rechteck. Vier dieser kleinen Einheiten ergeben den großen Block, in dessen Mitte die Rechtecke wie Flügel erscheinen. Mit der Farbgestaltung läßt sich ein Flechteffekt erzielen, indem die Farbe eines „Flügels" unter dem angrenzenden Flecken hindurchläuft und wieder erscheint. Auf diese Weise wurden hier die vielen Seidenreste sortiert. Graue Dreiecke vergrößern den Block und lassen den farbigen Teil auf der Spitze stehen. Die Reihen wurden durch Farbstreifen getrennt und bewußt versetzt angeordnet. Die grauen Zacken zwischen den farbigen Blocks sind gewollt.

Jadebrett

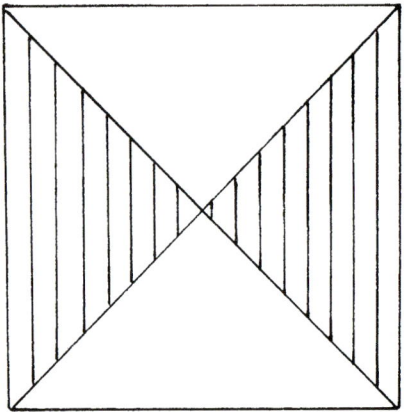

Ausgangspunkt ist wieder eine uns von traditionellen Quilts bekannte Form: zwei weiße und zwei schwarze Dreiecke zum Quadrat zusammengenäht. Alle Quadrate sind gleich groß. Sie wurden aber zum Teil oder ganz durch unterschiedlich große „Fenster" aus grünen Stoffen verdeckt. Die Anordnung ist in der Mitte symmetrisch, an den Rändern asymmetrisch.

Jadebrett

Licht und Schatten (Seide)

Dieser Quilt besteht aus 9 x 8 Blocks mit einer sich kontinuierlich
verändernden Unterteilung. Das heißt, die Anzahl der Unterteilungen nimmt zu bzw. ab (siehe Zeichnung). Nun wurde darüber hinaus noch versucht, den Eindruck von einfallendem Sonnenlicht entstehen zu lassen, indem hellere und leuchtendere Farben eingesetzt wurden. Bei diesem Quilt überlagern sich zwei Gestaltungsebenen.

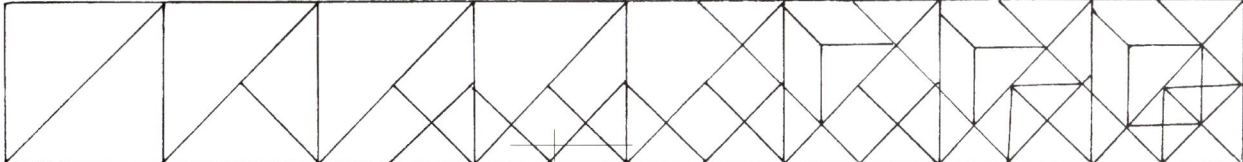

Licht und Schatten

17

Sanduhr

Sanduhr (Seide)

Für diesen Quilt gab es eine Skizze für den Aufbau. Der Rest entstand spielerisch aus Resten.

Ethnische Einflüsse

In allen Kulturen werden Muster, meist geometrische, zur Verzierung von Gebrauchsgegenständen verwendet. Ob Sie sich Ihre Anregungen bei den alten Griechen holen möchten, oder ob Sie wie ich das heutige Afrika bevorzugen, bleibt Ihnen selbst überlassen. Es gibt unendlich viele Muster, die zu neuen Patchworkideen anregen.

The Drums Celebrate

African Beadwork

Bei der Betrachtung von volkstümlicher Kunst können Sie lernen, daß der Charme nicht unbedingt in der Exaktheit liegen muß.

Es gibt Quilts, die eine sorgfältige Entwurfsarbeit und deren Ausführung verlangen und andere, die aus der Freude am Nähen entstehen. Der folgende Quilt ist ein gutes Beispiel für die letzte Gruppe.

Log Cabin

Das Muster „Log Cabin" ist sehr beliebt und variantenreich. Die Anordnung der Blocks bestimmt normalerweise das Aussehen des Quilts. Bei diesem Quilt ist sowohl die Größe als auch die Gestaltung der Blocks unterschiedlich. Für diesen Quilt lag kein Entwurf vor.

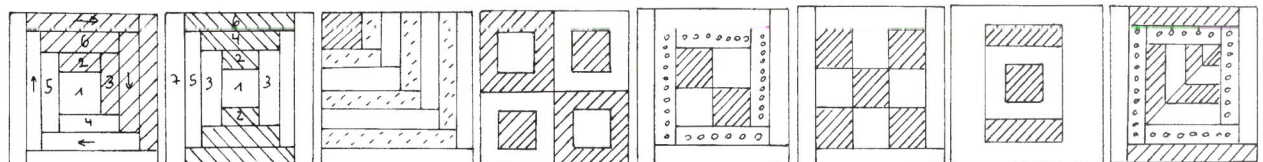

Log Cabin

Shoowa

Bei diesem Quilt ist es mir gelungen, mit Hilfe der Log-Cabin-Technik eine abwechslungsreiche Oberfläche mit Tiefenwirkung zu gestalten.

Detail Shoowa

Abb. rechte Seite: Shoowa

Afrika I

Geometrische Formen auf Korbwaren und Perlenstickereien gaben die Anregungen zu diesem Quilt. Zuerst wurde ein Entwurf angefertigt, der dann in Stoff umgesetzt wurde.

Afrika I

Afrika II

Für diesen Quilt standen die buntbemalten Häuser der Ndebele
Pate. Die Ndebele sind ein Volksstamm in Südafrika, der bekannt ist
für die farbenfrohe Bemalung seiner Häuser und seine bunte
Kleidung mit aus Perlen gestickten Ornamenten.
Auch für diesen Quilt wurde ein Entwurf angefertigt, der dann in
Stoff umgesetzt wurde.

Afrika II

Zina

Parkettmuster

Was spricht dagegen, einmal Parkettmuster auf Stoff zu übertragen? Es gibt nicht nur die üblichen schmalen Riegel, sondern eine Fülle von recht komplizierten Mustern.

Zina

Dieser Quilt von Ruth Eissfeldt entspricht der einfachen Version. Allerdings ist das Zusammennähen nicht ganz leicht, weil die Rechtecke schräg stehen und deshalb keine geraden, durchgehenden Nähte entstehen.

Chistophs Quilt

Dieser Quilt aus japanischen Kimonostoffen wurde auf der Grundlage des auf Seite 29 abgebildeten Blocks gefertigt. Ein Block besteht aus 17 Teilen, es sind aber nur 5 Schablonen notwendig. Beim Zusammenfügen sollten Sie darauf achten, daß die roten, gelben und grünen Streifen, die im Quadrat verlaufen, sich richtig verflechten. Am besten, Sie zeichnen sich den Entwurf vorher auf, dann behalten Sie den Überblick.

Christophs Quilt

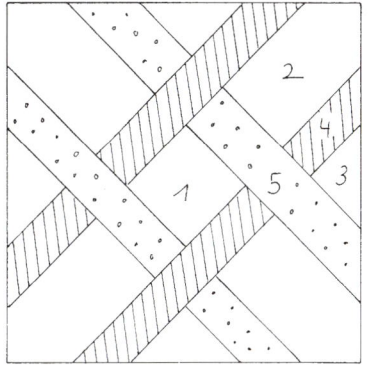

Christophs Quilt, Rückseite

Irrgarten

Ein immer wiederkehrendes und spannendes Phänomen ist der Irrgarten. Ob er nun auf der Seite der Kreuzworträtsel oder als Ornament in Kunstbüchern, als islamisches Schriftdekor oder in Natura zu finden ist, spielt keine Rolle. Er beflügelt die Phantasie.
Ich zeige Ihnen hier zwei Beispiele, wie das Motiv „Irrgarten" in Patchwork umgesetzt werden kann.

Susannes Quilt

Dieser Quilt besteht aus vier Irrgärten. Vom oberen Quiltrand zur Mitte und weiter zum unteren Rand ist der Farbverlauf von dunkel über hell nach dunkel. Dort hinein wurde ein Kreis gesetzt, der dadurch augenfällig wird, daß die Farben innerhalb des Kreises in umgekehrter Reihenfolge zum übrigen Quilt angeordnet sind. Für einen Gebrauchsquilt ist dies ein schönes, flächiges Muster.
Im Gegensatz hierzu zeigt der Wandbehang **„Labyrinth"** von Christine Wagner (Seite 32) deutlich eine dreidimensionale Variante.

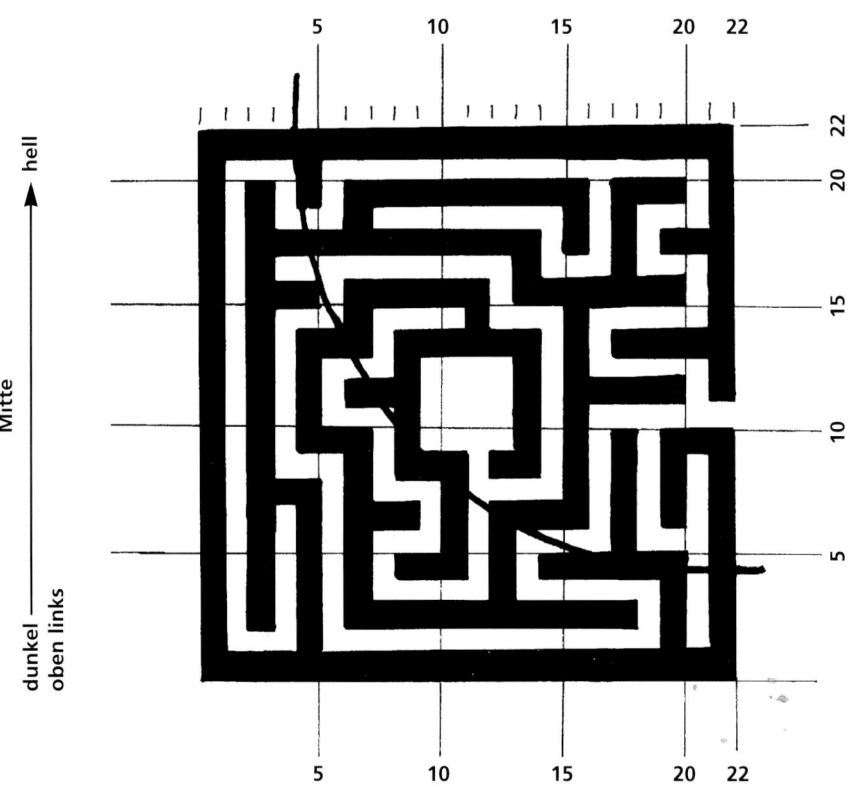

30

Susannes Quilt

Detail Susannes Quilt

Labyrinth

Rund und spitz

In einem Prospekt sah ich die Abbildung eines sehr farbigen Teppichs. Unregelmäßige Wellenlinien waren in Dreiecke verschiedener Größen unterteilt. War es das Muster oder die fröhlichen Farben, was mir gefiel? Weiche gewellte Linien mit spitzen, kantigen Dreiecken zu verbinden, schien reizvoll.

Der erste Versuch, mit freier Hand gezeichnete Linien und einer Unterteilung in Dreiecksformen, sah nicht sehr erfolgversprechend aus. Der lineare Entwurf war ungeordnet und wild. Farbig angelegt erinnerte das Ganze an Fasching. Praktisch gesehen hätte es bedeutet, den Entwurf in Originalgröße zu zeichnen und für jedes Dreieck eine Schablone anzufertigen – ein zu großer Aufwand dafür, daß das Ergebnis unsicher war.

Ich rief mir ins Gedächtnis, daß das Prinzip des Patchworkquilts die Wiederholung einzelner Formengruppen ist, vergleichbar mit den Druckstöcken, die beim Stoffdruck verwendet werden. Während beim Patchworkquilt das Muster meist nur mit einem Block gestaltet wird, finden beim Stoffdruck mehrere Druckstöcke Verwendung. Ich versuchte, eine Regelmäßigkeit zu finden. Auf ein Raster gezeichnete regelmäßige Wellen ließen auch eine Unterteilung zu, die wiederkehrende, gleiche Formen zeigte.

Ein Blatt mit diesen konsequent gezeichneten Linien wurde kopiert und in Blocks zerschnitten. Ein Block, meist ein Quadrat, ist die kleine Einheit, in der die gesuchten Formen Platz finden und der sich immer in der gleichen Zusammensetzung wiederholt. Mit diesen Einheiten habe ich diverse Muster gelegt. Blocks lassen sich in vier Richtungen drehen und verschieben. Schon allein dadurch gibt es verschiedene Konstellationen. Für zusätzliche Möglichkeiten habe ich den Block auch in spiegelverkehrter Version gezeichnet. Für den kleinen Seidenquilt **„Südsee"** wurde ein Block bestehend aus 8 Teilen bzw. 5 Schablonen verwendet.

Detail Südsee

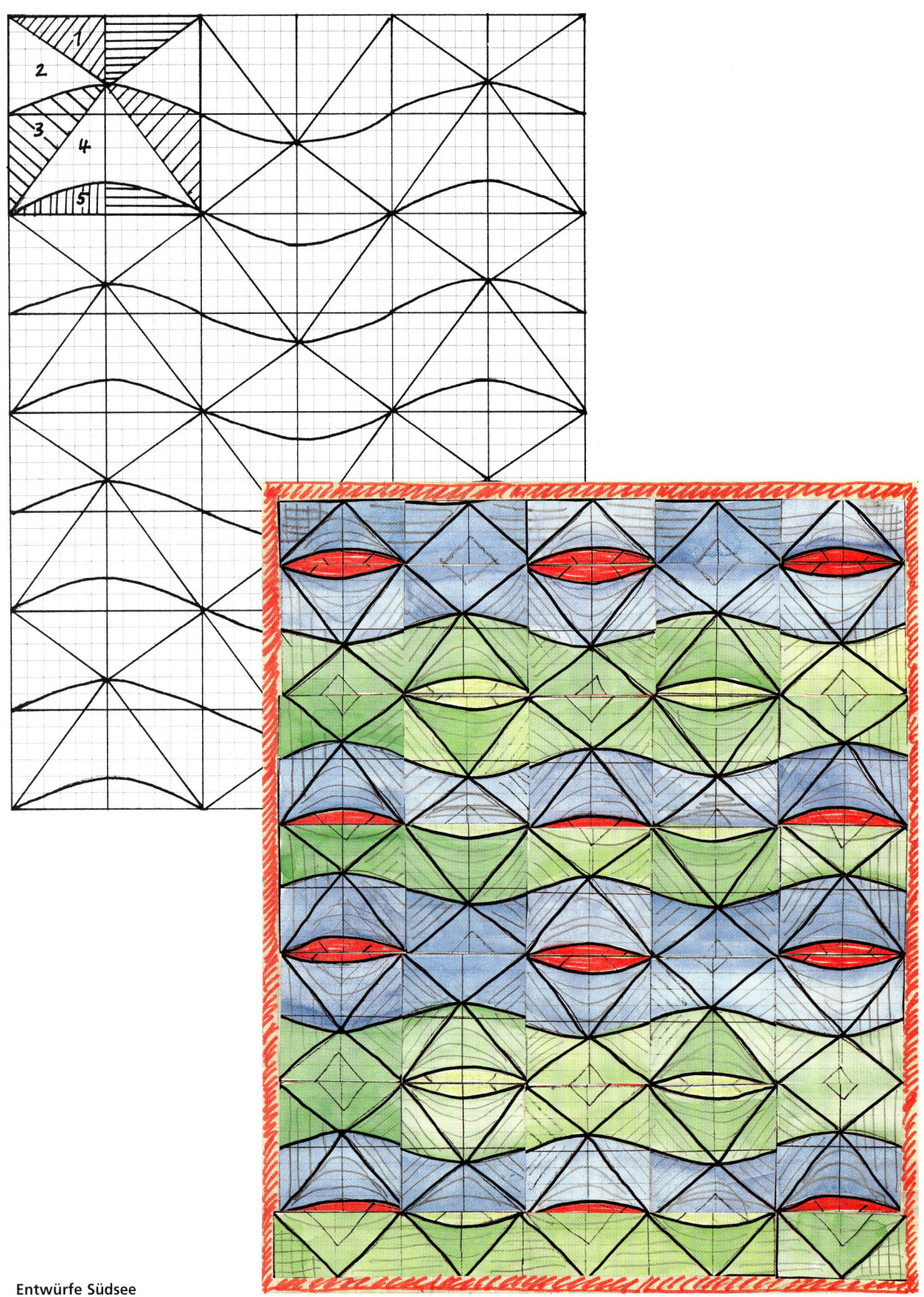

Entwürfe Südsee

34

Südsee

Souvenir

Die gleiche Idee, jedoch mit Wellenlinien, die sich von Reihe zu Reihe um je eine Einheit nach rechts verschieben und somit auch eine andere Unterteilung fordern, wurde mit dem Quilt „Souvenir" verfolgt. Zwei Blocks bilden die gesamte Oberfläche. Die stark farbigen, ja fast wilden Stoffe sind ein Mitbringsel aus Südafrika.

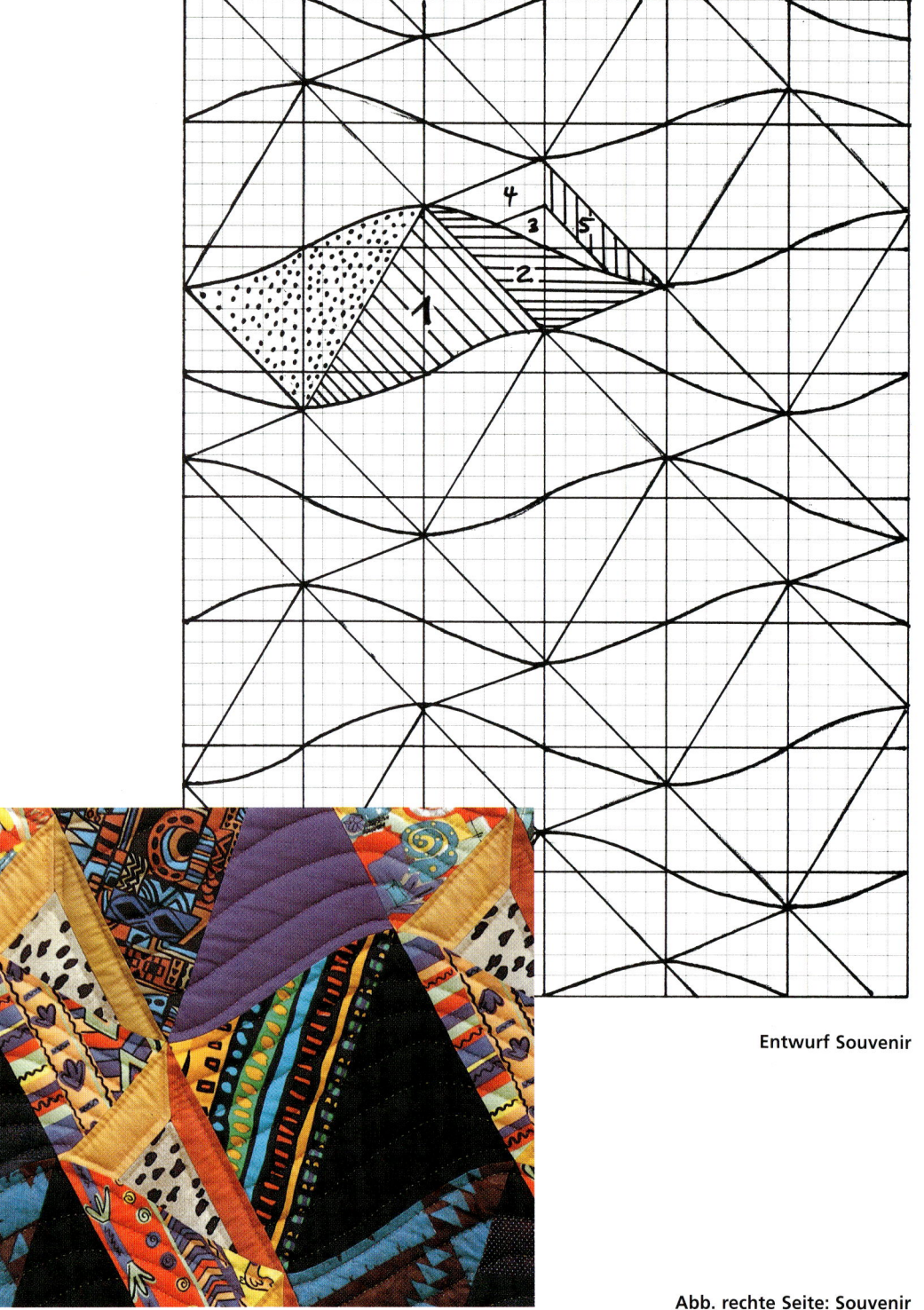

Detail Souvenir

Entwurf Souvenir

Abb. rechte Seite: Souvenir

Regenbogen

Bei diesem Quilt laufen die Wellen nicht horizontal, wie bei beiden vorigen, sondern von oben nach unten. Die Unterteilung führt zu drei unterschiedlichen Blocks, die regelmäßig wiederkehrend den ganzen Quilt ergeben.

An diesen drei Beispielen läßt sich erahnen, wie viele Möglichkeiten in einer Idee stecken. Ein Thema ist mit einem oder drei Quilts noch lange nicht ausgeschöpft. Es lassen sich aus einer Idee ganze Serien entwickeln.

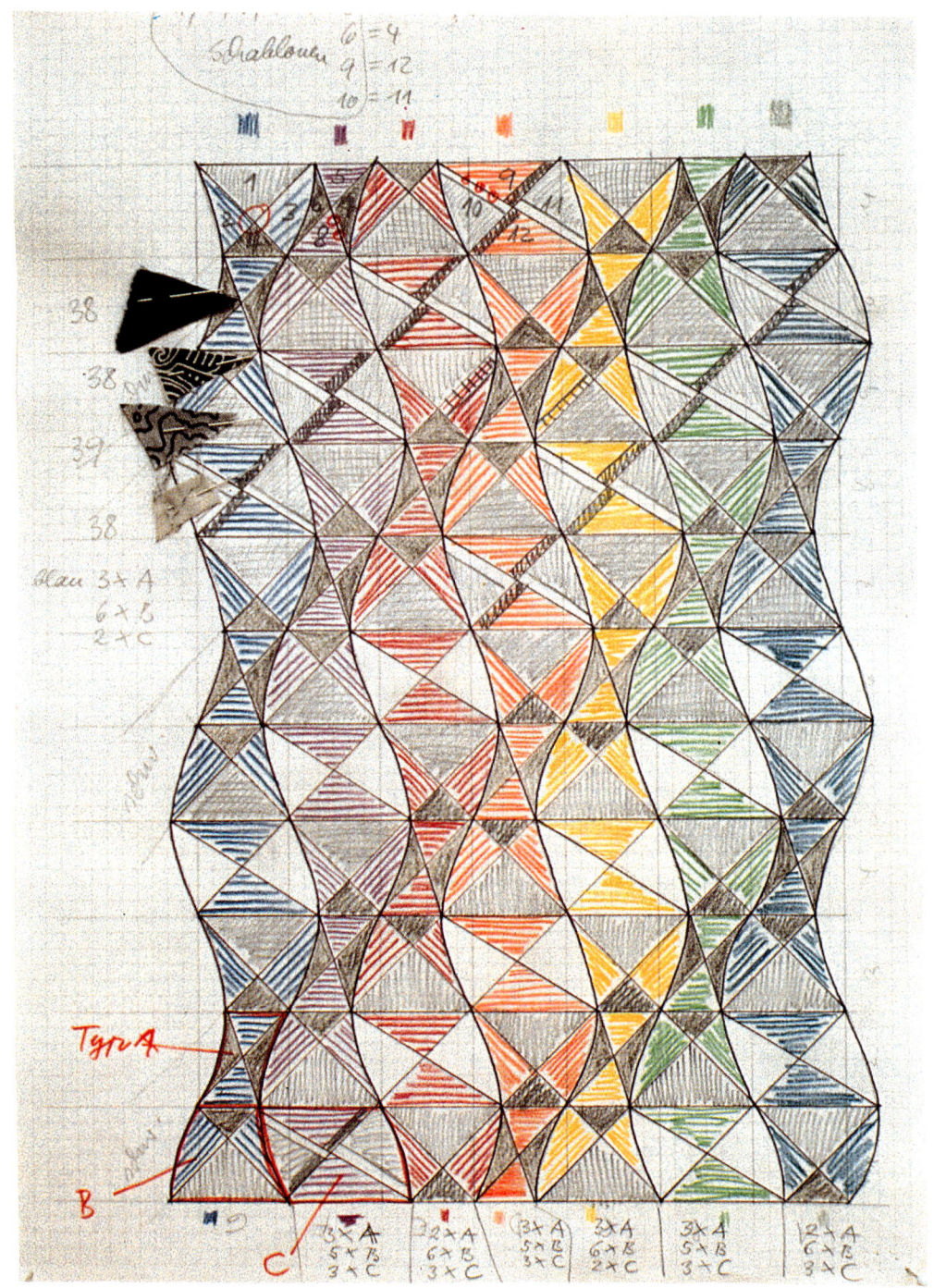

Entwurf Regenbogen

Regenbogen

Museum

Folded I

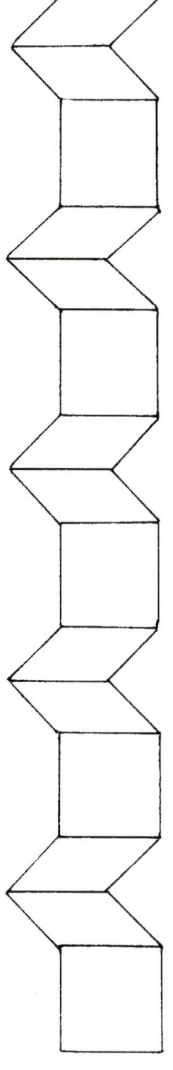

Bei Museumsbesuchen können Sie eine Vielzahl von Ideen sammeln, die sich in Patchwork umsetzen lassen, z.B. eine Farbkombination, die besonders gefallen hat, die Flächenaufteilungen von bekannten Kunstwerken oder, wie in diesem Fall, ein kleines Muster an einer Kaffeetasse. Dieses kleine Muster wirkte wie ein gefalteter Papierstreifen. Ein Knick wechselt mit einer ebenen Fläche ab.

Das hat mich veranlaßt, zunächst einige Varianten mit Papier auszuprobieren. Mehrere Streifen haben die gleiche Anzahl von Knickstellen und ebenen Flächen. Abwechselnd entsteht ein gleichbleibendes Muster. Was aber passiert, wenn sich eine gleichbleibende Anzahl von Knickstellen an einer Seite des Streifens und die entsprechenden freien Flächen an der anderen Seite des Streifens sammeln? Welche Veränderungsmöglichkeiten gibt es?

Aus diesen Überlegungen heraus entstand der Quilt „Folded I". Die orangefarbenen Stoffe stammen aus Bangkok.

Detail Folded I

Folded I

Folded II

Folded II

Bei diesem Quilt wurden Leinenstoffe verwendet. Hier laufen die geknickten Bänder diagonal. Durch die sparsame Verwendung von Farben wird die dreidimensionale Wirkung verstärkt. Weitere Varianten sind denkbar.

Dreiecke

Das Dreieck ist, neben dem Quadrat und dem Kreis, die wichtigste geometrische Grundform. Es hat nie an Aktualität verloren. In frühen Kulturen wie auch heute noch werden Dreiecke in den unterschiedlichsten Mustern wirkungsvoll eingesetzt. Ohne die Dreiecksform sind die meisten traditionellen Patchworkmuster undenkbar. Auf den nächsten Seiten werden besonders zwei im Vordergrund stehen, nämlich das durch Diagonalteilung eines Quadrates entstandene rechtwinklige und das gleichwinklige (60°-Winkel), gleichseitige Dreieck. Fast in jedem traditionellen Patchworkmuster kommen Dreiecke vor. Beispiel für das rechtwinklige Dreieck sind: Pin Wheel, Flying Geese, Card Trick, Wild Goose Chase, Shoo Fly.

Weniger oft kommen Dreiecke, die aus einem diagonal geteilten Rechteck resultieren, vor, z.B. Pine Tree.

Das gleichseitige Dreieck mit den 60°-Winkeln, das in die Familie des Sechseck/Babyblock gehört, wird z.B. in dem Muster Thousand Pyramids verwendet.

Als viertes findet sich ein Dreieck in der Form eines Kuchenstücks. Es gehört in die Familie des Eightpointed Star und erscheint z.B. in den Mustern Kaleidoskop oder World Without End.

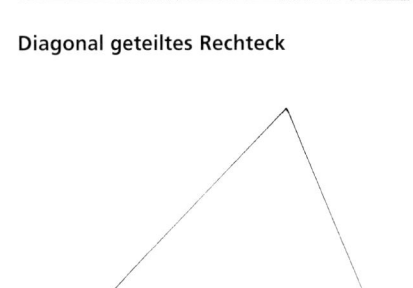

Diagonal geteiltes Rechteck

„Kuchenstück"

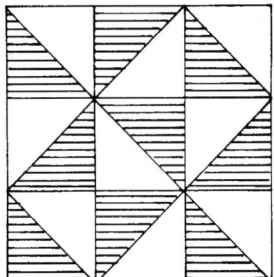

Pin Wheel

Flying Geese

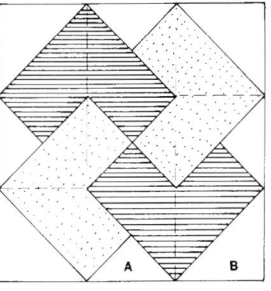

Card Trick

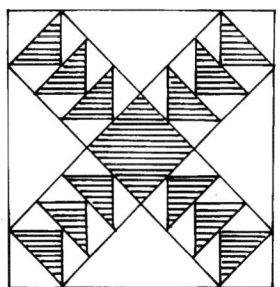

Wild Goose Chase

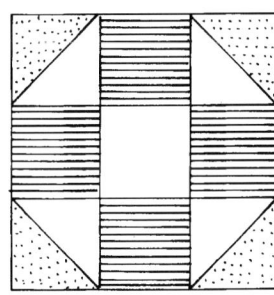

Shoo Fly

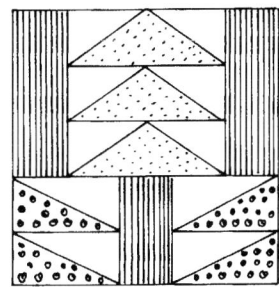

Pine Tree

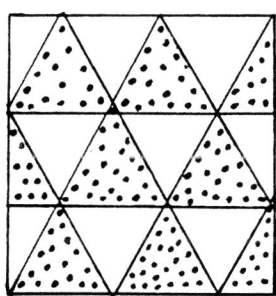

Thousand Pyramids

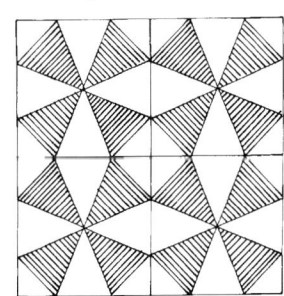

Kaleidoskop

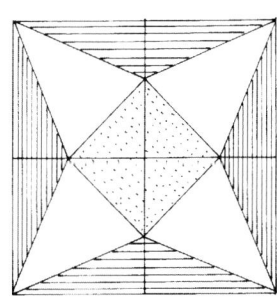

World Without End

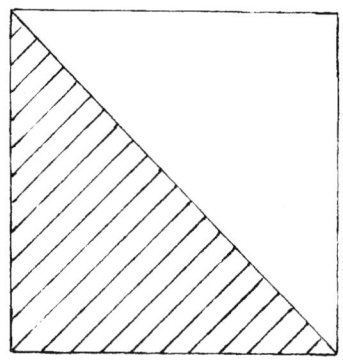

Rechtwinklige Dreiecke

Ich möchte Ihnen jetzt zeigen, wie Sie versuchen können, eigene Wege zu gehen ohne sich an die traditionellen Muster anzulehnen. Das geläufigste Dreieck ist das rechtwinklige, entstanden durch Diagonalteilung eines Quadrates. Es ist interessant, weil es eine Richtung angibt. Eine Fläche gefüllt mit gleich großen Dreiecken, die alle in eine Richtung zeigen, wirkt monoton. Wenn Sie die gleiche Fläche um neunzig Grad drehen, sieht sie ganz anders aus. Es ist also wichtig, daß Sie sich bewußt werden, wie Sie etwas anordnen möchten.

Um die monotone Gleichmäßigkeit einer solchen Dreiecksfläche aufzulockern, genügt es schon ein wenig Unordnung hineinzubringen. Das Auge wird dann immer wieder zu dieser Stelle wandern. Das Weglassen eines einzigen Dreiecks, das Ersetzen eines schwarzen durch ein farbiges Dreieck oder eine Richtungsänderung reichen aus. Die richtige Stelle finden Sie durch Ausprobieren.

In einem Kurs stellte ich folgende Aufgabe, die sowohl in Papier als auch in Stoff ausgeführt werden kann:

Aus schwarzweißen Dreiecken mit Kantenlängen in drei korrespondierenden Größen, wie z.B. 5, 10, 15 cm, sollte ein Block in abge-

Papierentwurf Rechtwinklige Dreiecke

44

Papierentwurf
Rechtwinklige
Dreiecke

stimmter Größe zusammengesetzt werden. Da nicht gesagt wurde, wieviele Dreiecke von jeder Größe verwendet werden sollten und auch offen gelassen wurde, in welche Richtung die Dreiecke zeigen sollten, entstand eine Vielfalt von unterschiedlichen Arbeiten.

Gleichwohl lassen sich diese individuellen Blocks in gleicher Größe zu einem Quilt zusammenfügen, eine reizvolle Gemeinschaftsarbeit.

Die Dreiecke wurden so verwendet, daß deren gleichlange Schenkel mit der Blatt-, Block- oder Quiltkante übereinstimmten (s. S. 44). Ein ganz neues Gesicht bekommt ein Entwurf, wenn das Dreieck auf seine lange Seite gelegt und in Reihen angeordnet wird (s. oben).

Ich beginne mit meinen Entwürfen immer so einfach wie möglich, d.h. mit nur einer Form und in Schwarzweiß. Bei weiteren Schritten spielen zusätzliche Formen und eine oder mehr Farben mit. Für diese Übung schlage ich vor, schwarzes, weißes und gemustertes Papier zu verwenden. Fotokopierte Stoffe mit unterschiedlichen Strukturen und Helligkeiten sind ideal für die Entwurfarbeit. Außer der Dreiecksform können Sie deren „Verwandte", z.B. die Hälfte des aus zwei Dreiecken entstandenen Parallelogramms, verwenden. Es stehen somit drei Töne und zwei Formen zur Verfügung.

Dreiecke

46

Mit Hilfe von Rollschneider, Schneidematte und langem Lineal können Sie Dreiecke schnell und rationell zuschneiden. Dazu gibt es
mehrere Möglichkeiten:
1. Der Fadenlauf eines rechtwinkligen Dreiecks verläuft wie die
kurze Seite.
Schneiden Sie dann zunächst von dem ausgewählten Stoff Streifen,
und zerteilen Sie diese in Quadrate, die dann nochmal diagonal zerschnitten werden.
Wie errechnen Sie die richtige Streifenbreite? Es gilt Kantenlänge
des Dreiecks plus 2,5 cm (0,75 + 1,75 cm) für den Streifen wie auch
für das Quadrat. Danach können je ein schwarzes und ein weißes
Dreieck wie gewohnt zusammengenäht werden.

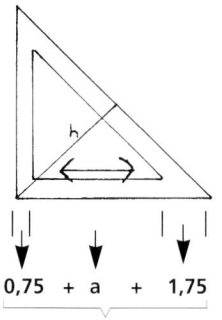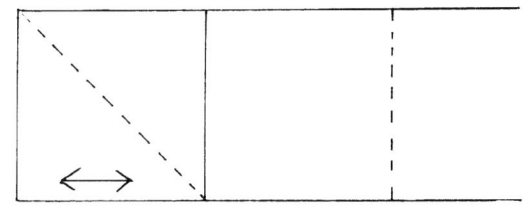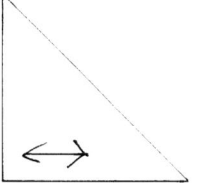

0,75 + a + 1,75

2,5 + a   = Streifenbreite / Quadrate

2. Benötigen Sie viele schwarzweiße Dreiecke, schneiden Sie
Schrägstreifen aus schwarzem und weißem Stoff zu, deren Breite
sich aus der Höhe des Dreiecks plus einer zusätzlichen Nahtzugabe
ergibt. Die aufeinandergelegten Streifen werden an den langen
Seiten zusammengenäht. Auf diesen flachen Schlauch legen Sie nun
die Dreiecksschablone mit angeschnittener Nahtzugabe so auf, daß
die lange Seite genau auf der unteren Kante liegt und die Spitze die
obere Naht berührt. Schneiden Sie einmal von oben und einmal von
unten Ihre Dreiecke ab, und klappen Sie sie auf. Ein Quadrat halb
schwarz, halb weiß liegt vor Ihnen.
Die Höhe des Dreiecks messen Sie am besten an der Schablone ab.
Die zusätzliche Nahtzugabe gebe ich deshalb dazu, weil ich nicht
bei jedem Stück an der Spitze die Restnaht auftrennen möchte. Es
ergibt sich ein kleiner Verschnitt.

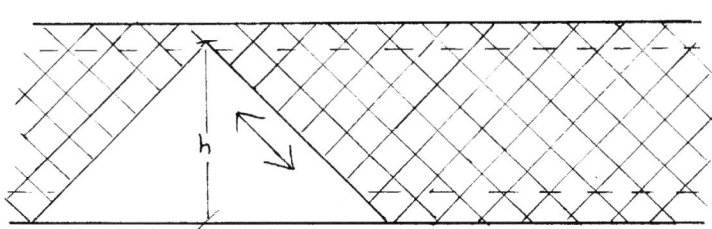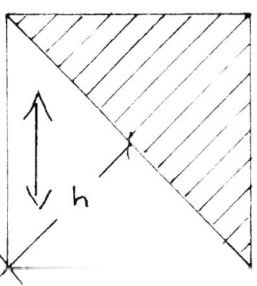

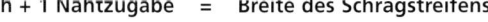

h + 1 Nahtzugabe   =   Breite des Schrägstreifens

3. Liegt der Fadenlauf parallel zu der langen Seite des Dreiecks, können die Dreiecke durch zwei Diagonalschnitte aus einem entsprechend großen Quadrat zugeschnitten werden. Das bedeutet: Fertigmaß der langen Dreiecksseite plus 3,5 cm ergibt das Maß der Streifen bzw. der Quadrate.

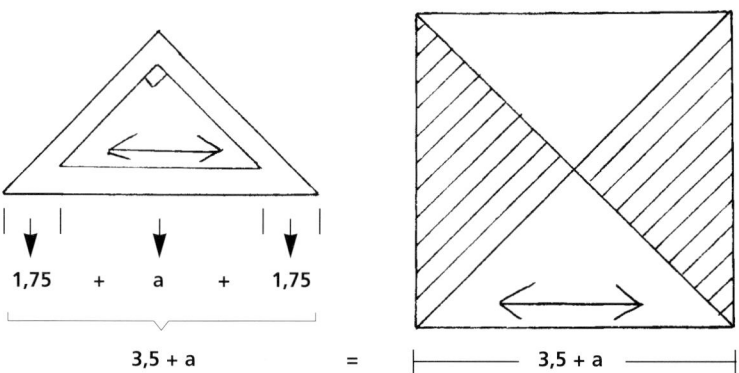

4. Möchten Sie wieder schnell zwei weiße und schwarze Dreiecke dieser Art zusammennähen? Dann legen Sie das Dreieck mit der kurzen Seite auf die untere Kante des Schrägstreifenschlauches. Seine Breite wird so berechnet: fertiges Maß der kurzen Seite plus 0,75 plus 1,75 cm, also 2,5 cm dazu. Aufgeklappt sehen sie so aus wie auf der nebenstehenden Abbildung zu sehen.

 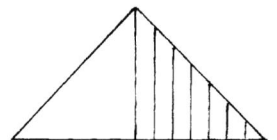

Quilt „M"

Bei diesem Quilt von Gundula Mohnhaus wird ein in ein Quadrat
gestelltes Dreieck als Block verwendet.
Dem Quadrat wurden rechts und links je ein Streifen angefügt, der
das M bildet. Mit diesem Motiv ist frei und phantasievoll umgegan-
gen worden.

Chaotische Dreiecke

„Chaotische Dreiecke"

Dieser Quilt hat den gleichen Block als Motiv wie der Quilt „M". Die ungeordnete Reihe mit Dreiecken wird beruhigt durch die einfarbigen Streifen. Das Zusammenwachsen der schwarzen Flächen zu neuen Formen läßt der Phantasie Spielraum.

Gleichseitige Dreiecke

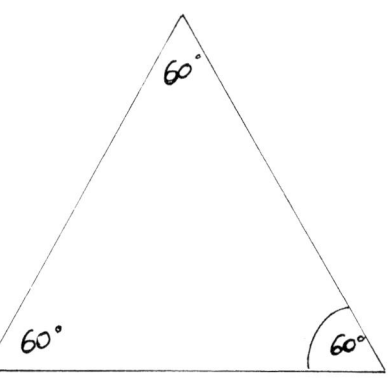

Das gleichseitige Dreieck taucht in vielen Ornamenten auf. An isla-
mischen Bauten ist es zu finden, als Intarsie auf Möbelstücken oder
in Fußbodenmustern. Innerhalb der Quiltmuster gehört es zu der
Familie des Babyblocks, Inner City. Es wird weniger oft verwendet
als das rechtwinklige Dreieck. Vielleicht liegt dies an ganz banalen
Dingen. So ist Entwurfspapier mit dem Raster im 60°-Winkel nicht
überall erhältlich, außerdem lassen sich diese Formen nicht so
bequem nähen. Gleichwohl rege ich in meinen Kursen zur
Beschäftigung damit an.
Wie zeichnet man ein solches Dreieck?
1. Zuerst wird die Länge der Dreieckseite bestimmt und auf ein Blatt
Papier gezeichnet. Mit einem Zirkel stechen Sie in den
Anfangspunkt und greifen die Strecke bis zum Endpunkt ab.
Schlagen Sie dann mit dieser Spanne um beide Punkte einen Kreis.
Der Schnittpunkt ist die Spitze des Dreiecks.
Oder: 2. Zeichnen Sie eine Dreieckseite auf mit den Endpunkten A
und B, und tragen Sie mit dem Winkelmesser an Punkt A und B den
Winkel von 60° an. Wo sich die Schenkel der Winkel schneiden, liegt
der gesuchte dritte Punkt C.

Eine aus mehreren Teilen bestehende Aufgabe zum Thema gleich-
seitiges Dreieck hat meine Kursteilnehmerinnen herausgefordert.
Hier die einzelnen Schritte. Verwenden Sie für diese Übungen gera-
stertes Isometriepapier.
A) Suchen Sie nach vielen Unterteilungsmöglichkeiten dieses
Dreiecks im Sinne von Patchwork. Es muß nähbar sein. Siehe
Zeichnungen! Es gibt sicher noch mehr Möglichkeiten.

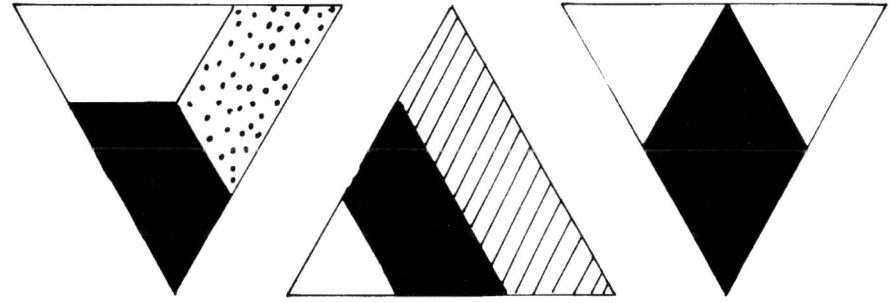

B) Verteilen Sie drei bis fünf unterschiedlich große, schwarze gleichseitige Dreiecke ausgewogen und schön auf einem Bogen Isometriepapier. Die Dreiecke sollen nicht überlappen. Die Größen richten sich am besten nach dem Maß des Rasters auf dem Papier und sind ein Vielfaches davon. Haben Sie eine zufriedenstellende Lösung gefunden, werden die Teile aufgeklebt.

C) Nun geht es darum, mit diesem Blatt weiterzuarbeiten, die Flächen aufzulockern, ob durch verschiedene Aufteilungen, Helligkeiten und Strukturen, bleibt jedem selbst überlassen. Bleiben Sie bei Schwarzweiß. Eine Palette von fotokopierten Stoffen bringt genug Abwechslung hinein. Es darf nach Lust und Laune überklebt werden. Denken Sie an die erste Übung mit den Aufteilungsmöglichkeiten (s. S. 51)! Unbedingt notwendig ist es, das Raster zu beachten. Sie werden erstaunt sein, wie abwechslungsreich und spannend Ihr Blatt geworden ist. Innerhalb einer Gruppe entstehen die unterschiedlichsten Entwürfe, was die Vielfalt dieser Aufgabe sichtbar macht.

D) Diese Schwarzweiß-Collage kann nun in Farbe übertragen werden. Sie können Kalenderblätter, Buntpapiere oder Seiten aus Zeitschriften verwenden.

Wer seinen Entwurf in Stoff umsetzen möchte, wird merken, daß die Rastereinheit sowohl die Vergrößerung des Entwurfs als auch das Herstellen der Schablonen erleichtert. Zum Nähen ist es ratsam, den Entwurf in Segmente aufzuteilen, die dann Stück für Stück zusammengefügt werden. Das wird allerdings nicht ganz einfach sein.

Papierentwurf Gleichseitige Dreiecke

53

Experimente

Für die hier vorgestellten Experimente nähen Sie Tücher zusammen, die anschließend zerschnitten und wieder neu zusammengesetzt werden. Das Unbehagen, selbstgenähte Textilien zu zerschneiden, müssen Sie also überwinden. Ich beschränke mich hier auf wenige Übungen im Zusammenhang mit dem gleichseitigen Dreieck. Die Idee könnte auch auf andere Patchworkarbeiten ausgeweitet werden. Wichtig dabei ist, ohne Schablonen zu arbeiten, denn so kann es zu überraschend originellen Kreationen kommen. Außerdem lernen Sie, wieviele Schnitte gemacht werden müssen, zu welchem Zeitpunkt die Arbeit vollendet ist und wie Sie das Ergebnis im voraus beeinflussen.

Die folgenden Beispiele können Sie sowohl in Papier als auch in Stoff ausführen. Ein wesentlicher Unterschied zu den anderen in diesem Buch beschriebenen Entwürfen besteht darin, daß die Nahtzugabe beim Stoff wegfällt und somit die Arbeit mit jedem Schnitt kleiner wird. Auch passen die Nähte nicht, wie gewohnt, exakt zusammen.

Aus gleichen, recht großen Dreiecken werden zwei Stoffstücke genäht. Die Tücher sollen unterschiedlich in der Farbgebung ausfallen, z.B. eins aus allen schwarzweißen Stoffen, eins aus farbigen. Oder warme Farben – kalte Farben, helle Töne – dunkle Töne usw. Ansonsten sind sie gleich groß und von handlichem Format.

Nun werden die Stoffe in der Mitte jeder Dreiecksreihe parallel zur Grundseite zerschnitten, die gleichbreiten Streifen gedreht, neu angeordnet und wieder zusammengenäht. Die Übung in Papier zeigt keinen Verlust der Nahtzugabe. Im Stoff passen die Nähte nicht mehr aufeinander, sie sind versetzt. Achten Sie auf die Formen, die beim Legen entstehen.

Tuch aus Dreiecken

Dreiecksquilt

Fruitsalad

Fruitsalad

Auch für diesen Quilt nähen Sie zuerst ein Tuch aus Dreiecken, das sich jedoch an allen vier Ecken deutlich voneinander abhebt. Jede Ecke hat eine andere Farbe oder Helligkeit, z.B. diagonal von hell nach dunkel, entgegengesetzt von Rot nach Grün.
Dieser Stoff wird nun in drei Schritten jeweils parallel zu einer anderen Dreiecksseite ein oder mehrmals zerschnitten. Die jetzt unterschiedlich breiten Streifen dürfen verdreht und in anderer Reihenfolge zusammengenäht werden. Achtung: Eine abgeschnittene Ecke kann nur mit einer deckungsgleichen von der anderen Seite ausgetauscht werden. Sie müssen selbst herausfinden, ob Sie wild darauf los schneiden möchten oder sich ein System überlegen, nach dem Sie vorgehen. Es ist ein Spiel mit dem Zufall, dessen Resultat interessant oder beliebig sein kann. Auf alle Fälle hält es Überraschungen bereit.

African night

Im Prinzip wird dieser Quilt genauso gearbeitet wie Fruitsalad.
Bei diesem Beispiel gehe ich nicht von Dreiecken aus, sondern von
vier quadratischen Stoffstücken. Diese werden in drei Schritten zerschnitten und vertauscht wieder zusammengenäht.
1. Zertrennen Sie die Quadrate in zwei Hälften, tauschen und nähen
Sie sie zusammen.

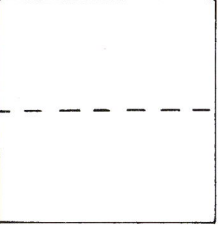

2. Machen Sie je Quadrat zwei Schnitte im Winkel
von 60°, z.B. von links unten nach rechts oben,
tauschen Sie sie aus, und nähen Sie sie zusammen.

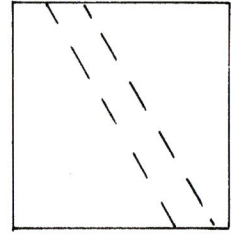

3. Machen Sie wieder zwei Schnitte in entgegengesetzter Richtung und mit anderem Abstand wie zuvor, tauschen Sie, und nähen Sie.

Wichtig ist, daß die Schnitte bei allen Quadraten an den gleichen Stellen und in gleichem Abstand ausgeführt werden, sonst sind die Teile nicht austauschbar. Durch den Wegfall der Nahtzugaben gibt es Verschiebungen. Wer bisher sehr exakt seine Stoffe nach Schablonen zugeschnitten hat, ist mit solchen Ergebnissen wohl nicht zufrieden.

Faszinierend daran ist, daß Sie Stoffe zerschneiden und zusammennähen, ganz ohne die mühselige Arbeit mit den Schablonen.

African Night

Quilt „Rot"

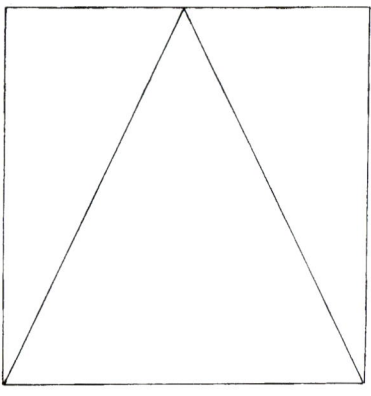

Bei diesem Quilt habe ich verschiedene Kombinationsmöglichkeiten zuerst mit Papier ausprobiert. In Anlehnung an das gleichseitige Dreieck (wohlwissend, daß die Höhe des Dreiecks nicht der Seitenlänge entspricht) habe ich rote und weiße Stoffquadrate mit zwei Schnitten, jeweils von der Mitte der Oberseite zu den Ecken links und rechts zerschnitten. Die drei so entstandenen Dreiecke wurden vertauscht wieder aneinandergenäht. Die nächsten zwei Schnitte liefen von der Mitte der rechten Seite zu den gegenüberliegenden Eckpunkten. Auch diese Teile wurden ausgetauscht zusammengenäht. Durch die verlorene Nahtzugabe ist aus dem Quadrat ein Rechteck geworden. Dies mußte beim Zusammensetzen der Blocks beachtet werden. Auch gibt es Versprünge und wegfallende Ecken.

Detail Quilt „Rot"

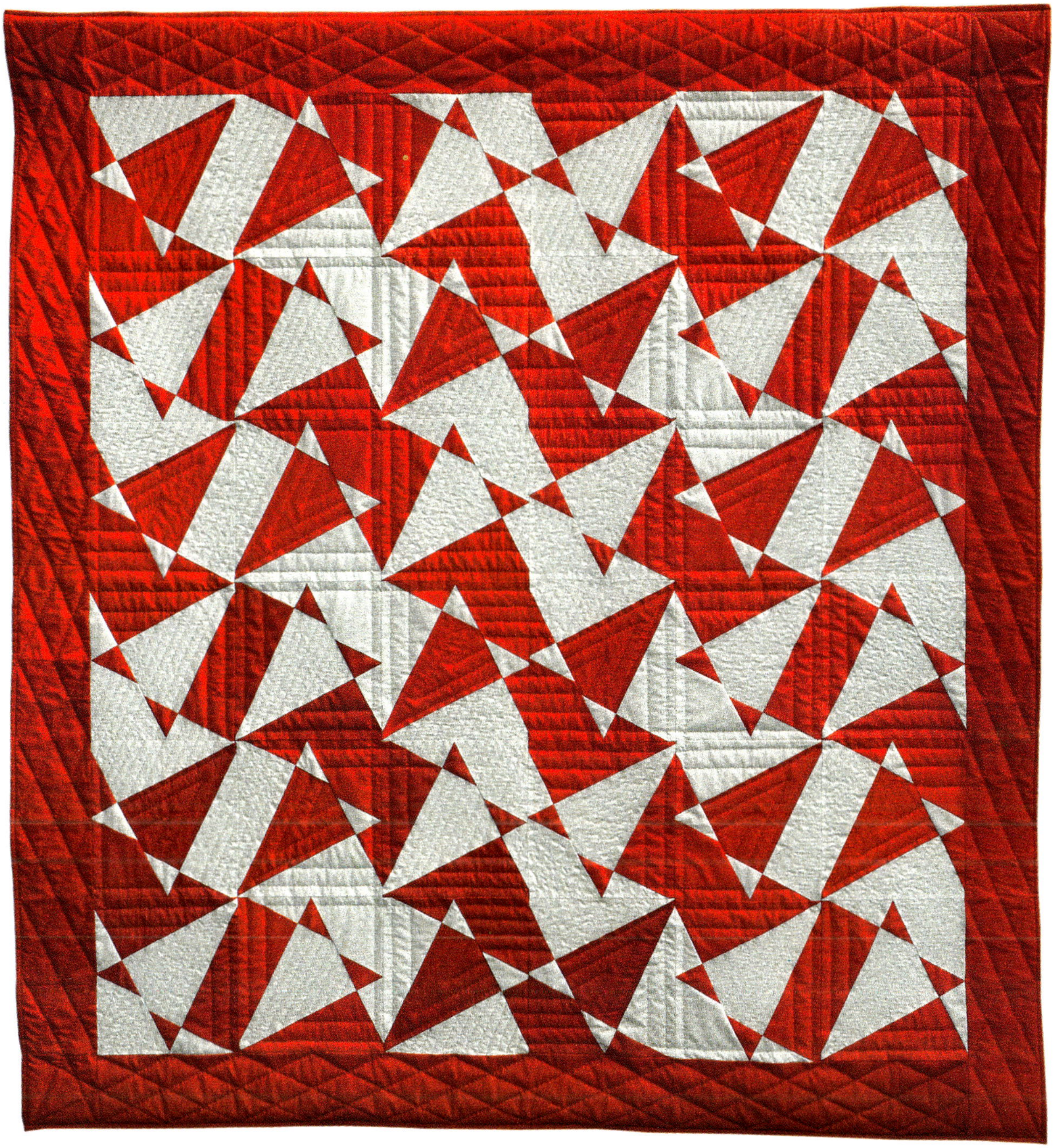

Quilt „Rot"

Entwürfe Quilt „Rot"

61

Gitterwerk

Gitterwerk

Dieser Quilt wurde im Prinzip genauso gearbeitet wie der Quilt „Rot". Allerdings wurde hier die verlorene Nahtzugabe durch Streifen ersetzt.

Verzeichnis der abgebildeten Quilts

Alle abgebildeten Quilts wurden, wenn nicht anders vermerkt, von der Verfasserin gearbeitet.

Traumzeichen, 90 x 130 cm, Hanna Mühe
Grauer Seidenquilt, 1994, 147 x 203 cm
Jadebrett, 1990, 125 x 105 cm
Licht und Schatten, 1992, 159 x 143 cm
Sanduhr, 1993, 115 x 150 cm
The Drums Celebrate, 130 x 106 cm, Odette Tolksdorf
Log Cabin, 1993, 142 x 215 cm
Shoowa, 1991, 158 x 222 cm
Afrika I, 1991, 102 x 110 cm
Afrika II, 1992, 140 x 130 cm
Zina, 1990, 110 x 90 cm, Ruth Eissfeldt
Christophs Quilt, 1993, 260 x 260 cm
Susannes Quilt, 1990, 260 x 260 cm
Labyrinth, Christine Wagner
Südsee, 1993, 102 x 124 cm
Souvenir, 1993, 130 x 188 cm
Regenbogen, 1994, 150 x 230 cm
Folded I, 1994, 175 x 200 cm
Folded II, 1994, 137 x 136 cm
Dreiecke, 1992, 130 x 208 cm
Quilt "M", Gundula Mohnhaus-Weidert
Chaotische Dreiecke, Ulrike Heigl
Fruitsalad, 1995, 114 x 110 cm
African night, 1995, 93 x 112 cm
Rot, 1995, 142 x 150 cm
Gitterwerk, 1995, 140 x 200 cm

Eine Auswahl aus unserem Gesamtprogramm

ISBN 3-8241-0599-3
Hardcover, 64 Seiten

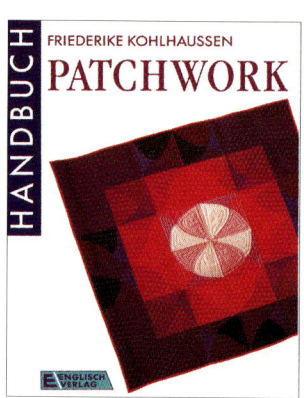

ISBN 3-8241-0459-8
Hardcover, 144 Seiten

ISBN 3-8241-0390-7
Hardcover, 64 Seiten

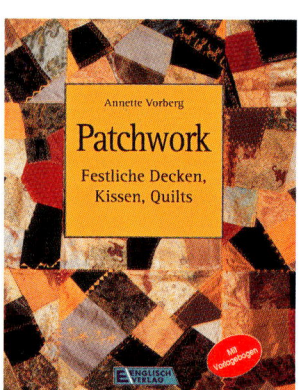

ISBN 3-8241-0629-9
Hardcover, 64 Seiten

ISBN 3-8241-0670-1
Hardcover, 64 Seiten

ISBN 3-8241-0571-3
Hardcover, 64 Seiten

ISBN 3-8241-0582-9
Broschur, 64 Seiten

ISBN 3-8241-0410-5
Hardcover, 64 Seiten

ISBN 3-8241-0565-9
Broschur, 64 Seiten